Reinhold Miller (H

39 Vertretungsstunden ohne Vorbereitung

»Schwellendidaktik pur« ab Klasse 5

Herausgegeben von Reinhold Miller unter Mitarbeit von Wolfgang Amler + Franz Brandl + Christoph Egerding-Krüger Irene Heinzelmann-Arnold + Willi Hitzler + Veronika Ortlieb + Bärbel Rademacher + Gudrun Spaltenberger Maria-Loise Theisinger + Rolf Wiedenbauer

BELTZ pocket

Die Vertretungsstunden in diesem Buch sind entnommen aus Reinhold Miller (Hrsg.): 99 Vertretungsstunden ohne Vorbereitung. »Schwellendidaktik pur« für die Sekundarstufe I. Beltz Verlag, 3. Auflage 2008.
In diesem Buch finden Sie auch detaillierte Quellenangaben – oder im Internet unter www.beltz.de.

Lektorat: Michael Kühlen

www.beltz.de
Herstellung und Satz: Sarah Veith
Innengestaltung: Sarah Veith
Illustrationen: Sarah Veith
Umschlagkonzept und -gestaltung: Sarah Veith
Umschlagabbildung: Oliver Melzer
Druck: Beltz Druckpartner, Hemsbach
Printed in Germany

ISBN 978-3-407-62793-3

Inhaltsverzeichnis

Vorwort

Für die Lehrer/innen gibt es drei Didaktiken, die in der Praxis häufig vorkommen – die jedoch nicht immer als Vorteil für die Schüler/innen anzusehen sind:

+ Autodidaktik: Unterrichtsvorbereitung auf der Fahrt zur Schule mit dem *Auto*
+ Schwellendidaktik: Unterrichtsvorbereitung auf der Tür*schwelle* des Klassenzimmers
+ Hammerdidaktik: Frage an die Schüler/innen: »Was *ham'mer* denn in der vergangenen Stunde gemacht?«

Spaß beiseite: In diesem Band geht es um Schwellendidaktik, denn nicht immer sind die Lehrer/innen in der Lage, sich gründlich vorzubereiten – vor allem dann nicht, wenn es sich um Vertretungsstunden handelt, zu der sie recht kurzfristig verpflichtet werden.
Herausgeber und Mitarbeiter/innen bieten dafür ein überfachliches Spektrum von Vertretungsstunden ohne Vorbereitung, da Lehrer/innen – der Not der Schulleitung gehorchend – häufig Unterrichtsstunden in einem Fach übernehmen müssen, für das sie nicht ausgebildet sind.

Hinweise zum Gebrauch des Buches:

+ Die Unterrichtsstunden haben meist einen zeitlichen Umfang von 45, einige von 90 Minuten.
+ Vorausgesetzt wird, dass die Schüler/innen fähig sind, mit einem Partner zusammen oder in Gruppen zu arbeiten.

- Die Angaben der Klassenstufe entspringen den Erfahrungen der Autor/innen und sind selbstverständlich nicht bindend. Hier kann je nach Leistungsstand der Klasse variiert werden.
- Hinweise auf bestimmte Materialien erfolgen nur dann, wenn die Wahrscheinlichkeit hoch ist, dass sie normalerweise in Schule und Klassenzimmern nicht vorhanden sind.
- Jede Vertretungsstunde ist geschlossen auf einer Doppelseite dargestellt, bestehend aus zwei Teilen: »Hinweise für Lehrer/innen« und »Anleitungen für die Schüler/innen«. Letztere wenden sich meist direkt an die Schüler/innen, können also einfach vorgelesen oder kopiert werden.
- Um zu vermeiden, dass Informationen für die Unterrichtsgestaltung wiederholt werden, sind diese in der Mehrzahl in den »Anleitungen für die Schüler/innen« enthalten.

Überfachliches Lernen

[01] Spiel und Bewegung

Ziel	Entspannen, sich lockern, abschalten
Klasse	ab 5
Zeit	45 min
Material	CD-Spieler

Hinweise für die Lehrer/innen

Zur angestrengten und schweißtreibenden Arbeit in der Schule gehören auch Phasen der Entspannung.
Sie sind Spielleiter bei den fünf folgenden Angeboten (bitte CD-Spieler bereitstellen).

Anleitungen für die Schüler/innen

Zur Auflockerung lade ich euch ein, mit mir ein paar Bewegungsübungen/Spiele zu machen:

[1] Geht im Klassenzimmer umher, während Musik erklingt. Wenn sie unterbrochen wird, bleibt sofort stehen. Die ersten beiden, die ich noch in Bewegung sehe, scheiden aus. Und weiter geht es mit Musik ... Wer von euch ist der/die Letzte, der/die übrig bleibt?

[2] Geht im Klassenzimmer umher; wenn ich eine Zahl rufe, so fasst euch an den Händen und bildet Gruppen in der Größe dieser Zahl.
Beispiel: Ihr seid jetzt 27, ich rufe 5, also gibt es fünf

Gruppen, zwei scheiden aus. Beim nächsten Mal rufe ich 4, also gibt es sechs Gruppen, eine(r) scheidet aus. Das geht so lange, bis zwei von euch übrig bleiben.

[3] Ihr seid alle Einzelteile einer imaginären Maschine. A geht in die Mitte des Kreises und macht eine Körperbewegung mit einem Geräusch; z. B.: Sägebewegung mit dem rechten Arm und »Sch-sch-sch«; B hängt sich an A, macht eine andere Bewegung und ein anderes Geräusch. Das Spiel ist zu Ende, wenn alle mit allen verbunden sind und gleichzeitig Geräusche machen.

[4] Bildet einen Sitzkreis. A geht vor die Tür, B wird gewählt und ist der »Dirigent«. Er macht einzelne Körperbewegungen vor, die alle anderen rasch nachmachen: Kopf kratzen, blinzeln, ans Ohrläppchen fassen, mit den Zehen wippen usw. Der Wechsel der Körperbewegungen muss spätestens alle 30 Sekunden erfolgen. A kommt herein und muss den »Dirigenten« erraten.

[5] Bildet einen Sitzkreis. A geht vor die Tür. B wird gewählt und geht langsam einen bestimmten Weg durch das Klassenzimmer, z. B. den Mittelgang entlang, um das Lehrerpult herum, über einen Stuhl, unter ein Pult ... Alle anderen beobachten ihn und prägen sich den Weg ein. Nun kommt A herein und beginnt zu gehen. Immer, wenn die Richtung stimmt, so klatscht ihr; sobald er in die falsche Richtung geht, hört ihr sofort auf zu klatschen. Wie lange braucht A für seinen Weg?

[02] Würfelspiele

Ziel	Spielen und »den Unterricht vergessen«
Klasse	ab 5
Zeit	45 min
Material	Für jede/n Schüler/in ein Würfel

Hinweise für die Lehrer/innen

Diesmal gibt es »Erholung vom Unterricht«. Sie sind der Spielleiter und sorgen dafür, dass jede/r einen Würfel hat. Fotokopieren Sie die Anleitungen (für jedes Schülerpaar eines) und teilen Sie sie aus. So haben die Spieler/innen die Möglichkeit, ihr eigenes Tempo und die Auswahl zu bestimmen.

Anleitungen für die Schüler/innen

In dieser Stunde könnt ihr euch vom Unterrichtsstress erholen, und zwar durch Würfelspiele. Sucht euch eine Partnerin/einen Partner; jede/r von euch bekommt einen Würfel. Ihr spielt jeweils gegeneinander und könnt jedes Spiel mehrmals wiederholen:

[1] Würfelt abwechselnd so lange und zählt (jeweils getrennt) die Würfelaugen zusammen, bis der/die Erste 100 erreicht hat. (Sieger: 2 Punkte)
Alternative: Wer benötigt die wenigsten Würfe, bis er/sie 100 erreicht hat? (Sieger: 2 Punkte)

[2] Würfelt abwechselnd so lange und zählt (jeweils getrennt) die Würfelaugen zusammen, bis der/die Erste genau 33 erreicht hat; wenn es darüber hinausgeht: wieder von vorne beginnen. (Sieger: 2 Punkte)

[3] Würfelt abwechselnd und zählt die Würfelaugen (jeweils getrennt) zusammen. Wer hat bis 300 (oder 400 oder 500) die meisten Doppel-/Dreifachziffern (11 oder 22 oder 55 oder 111 oder 333) gesammelt? (Sieger 3 Punkte)

[4] Würfelt eine dreistellige Hausnummer.
Jede/r würfelt dreimal und muss vorher sagen, ob er/sie jetzt die Einer-, Zehner- oder Hunderterstelle würfeln will. Wer hat die niedrigste (Alternative: höchste) Hausnummer? (Sieger: 2 Punkte)

[5] Jede/r nennt eine Zahl von Eins bis Sechs und merkt sie sich. Nun wird abwechselnd gewürfelt. Jedes Mal wenn die benannte Zahl gewürfelt ist, erhält der Spieler einen Strich. Wer hat zuerst ein Haus mit 21 Strichen gebaut? (Sieger: 3 Punkte)

[03] Darstellung von Alltagssituationen

Ziel	Spontaneität/Kreativität (weiter)entwickeln
Klasse	ab 5
Zeit	45 min

Hinweise für die Lehrer/innen

Sie teilen den Schüler/innen mit, dass es heute um kleine Experimente geht, nämlich um spontane Reaktionen im Alltag, um die Entwicklung von Ideen und um deren praktische Umsetzung durch Handeln, gleichsam um ein »Alltagstraining«.

Beispiele/Anregungen, die Sie den Schüler/innen geben können:

+ Ohne Fahrschein in der Straßenbahn
+ Mit einer schlechten Note nach Hause kommen
+ Auf dem Schulhof im Jahre 2030
+ Im Kino: Mein Nebensitzer hustet dauernd
+ Anmache auf dem Nachhauseweg
+ Ein Krankenbesuch

Bemerkung

Erkundigen Sie sich nach der Spielfähigkeit der Schüler/innen, denn davon sind Thema, Spielintensität, Lehrerhilfen und Zeitdauer abhängig. Möglicherweise brauchen die Schüler/innen am Anfang »Starthilfen«. Vielleicht haben sie zu wenig Ideen, Spielhemmung, Scheu ...

Anleitungen für die Schüler/innen

[1] Schreibt bitte – einzeln oder in kleinen Gruppen – Alltagssituationen, die ihr in Stegreifszenen spielen wollt, je einzeln auf Zettel.

[2] Legt eure Zettel in einen Behälter, mischt sie, zieht dann einen heraus und lest das Thema vor.

[3] Wer von euch die Szene spielen möchte, geht auf die »Bühne« (im Klassenraum festgelegt/skizziert) und beginnt zu spielen. Da sich die Geschichte entwickelt, gibt es keine vorherigen Absprachen. Eine/r beginnt einfach ...

[4] Jetzt wird's spannend: Jede/r von euch kann die Bühne betreten, die Geschichte fortsetzen und dann die Bühne wieder verlassen.
Ihr entscheidet selbst und auch darüber, wie die Geschichte weitergeht und endet. Ihr könnt auch Requisiten/Gegenstände mitnehmen.

[5] Regel auf der Bühne: So tun, als ob, als »wär's wie im richtigen Leben«.

[6] Sprecht hinterher über eure Erfahrungen, eure Gefühle und wie ihr auf die Zuschauer gewirkt habt.

[04] Namenspiele

Ziel	Ideen und Kreativität fördern
Klasse	ab 5
Zeit	45–90 min
Material	Telefonbücher

Hinweise für die Lehrer/innen

Im Alltag begegnen uns viele Familiennamen – sei es auf Schildern, an Haustüren oder in Telefonbüchern –, deren Eigenarten Schüler/innen geradezu einladen, ihre Ideen und Kreativität zu erweitern.
Überlegen Sie sich, ob Sie die Schüler/innen außerhalb des Schulgebäudes auf Suche schicken können (Schilder im Ort, Namen von Geschäften, Namensschilder an Haustüren ...) oder ob Sie einige Telefonbücher haben/mitbringen, in denen aus der Fülle von Namen geeignete ausgesucht werden.

Anleitungen für die Schüler/innen

[1] Ich schlage euch heute vor, Experimente mit (Familien-)Namen zu machen.
Sucht euch Namen im Ort: Namen von Geschäften, Straßennamen, Namen auf Haustüren oder an Klingeln – oder hier aus den Telefonbüchern.

[2] Es können bekannte Berufsnamen sein, komische, witzige oder auch Namen, die sich gut für eine Geschichte eignen wie z. B. Renner (= rennen), Bauer (= bauen) usw.

[3] Bildet kleine Gruppen, geht auf Suche und entscheidet euch, was ihr mit den Namen machen wollt:
+ Eine Geschichte erfinden, in die die Namen sinnvoll eingebaut werden (und sprachlich leicht verändert werden dürfen): Renner = rennen ...
+ Berufe erraten: Spielt die Berufe pantomimisch vor, deren Namen ihr gefunden habt; die anderen müssen sie erraten.
+ ein Alphabet machen: A wie Adlerstraße, B wie Brahmsweg, C wie Christuskirche ...
+ eine Tabelle anfertigen:

Berufe	Schreiner
Komponisten	Beethoven
Schriftsteller/Dichter	Schiller
geografische Namen	Berg
Pflanzen	Nelken

[4] Wenn ihr mit euren Aufgaben fertig seid, dann stellt eure Ergebnisse der Klasse vor. Ihr habt jetzt Zeit
+ für die Suche: x Minuten
+ für die Herstellung: x Minuten

[05] Nachrichtensendung

Ziel	Ein Thema, einen Inhalt präsentieren
Klasse	ab 5
Zeit	45 min

Hinweise für die Lehrer/innen

Die Schüler/innen lernen, einfache Inhalte aus dem Schulalltag vor anderen zu präsentieren. Sie können dazu – jeweils in Gruppen – auch einen Titel ihrer Sendung erfinden.

Insgesamt ist wichtig:
+ Inhalte in Kurzform bringen
+ vor der Klasse sprechen
+ auch die Körpersprache beachten

Anleitungen für die Schüler/innen

[1] Sucht in Partnerarbeit/Gruppenarbeit Themen für die Fernsehsendung:

»Schulnachrichten der Woche«

(Denkt dabei an Schulereignisse, Veranstaltungen, Klassenarbeiten, an einzelne Schüler/innen, Lehrer/innen, an die SMV, den Rektor, das Schulhaus, Geschehnisse auf dem Schulhof.)

[2] Schreibt Kurzmeldungen zu den einzelnen Themen (drei bis fünf Sätze).

[3] Sprecht die Nachrichten euren Nachbarn oder in der Gruppe vor. (Wenn möglich: Ihr könnt dabei auch auf den Gang zum Üben gehen.) Entscheidet dann, wer von euch die Nachricht vorträgt.

[4] Achtung »Sendung«: Sprecht nun eure Nachrichten vor der ganzen Klasse. Achtet dabei auf
+ eine deutliche Aussprache
+ Blickkontakt zu den Zuhörern
+ eure Körperhaltung
+ die Hand-/Armbewegungen
+ eure »Gefühlslage«

[5] Sprecht hinterher in der Gruppe/in der Klasse
+ wie es euch persönlich erging
+ wie ihr auf die anderen gewirkt habt
+ was ihr verbessern könnt

[06] Methodenmarkt

Ziel	Methodenwissen und Teamfähigkeit erweitern
Klasse	ab 5
Zeit	45–90 min

Hinweise für die Lehrer/innen

Die Schüler/innen sollen über einen gelesenen Text, eine gehörte CD, einen Film, einen Museumsbesuch, ein besprochenes/bearbeitetes Thema berichten, und zwar mittels verschiedener Methoden.

Vorgehensweise A: Die Schüler/innen einer Gruppe wählen aus dem Angebot aus (siehe unten).
Vorgehensweise B: Die Schüler/innen erfinden selbst Methoden.

Anleitungen für die Schüler/innen

[1] Ihr habt ein Thema bekommen oder gewählt, über das ihr berichten werdet.

[2] Entscheidet in der Gruppe, ob ihr aus dem nachfolgenden Methodenangebot auswählen oder ob ihr selbst eine Methode erfinden wollt.

[3] Hier ein Methodenangebot:

+ Macht Quizfragen mit einem Lösungsblatt.
+ Erfindet ein Kreuzworträtsel zum Thema.
+ Erfindet ein Spiel mit Lösungsblatt.
+ Schreibt ein Gedicht zum Inhalt des Themas.
+ Macht ein Interview mit einer bekannten Person (dargestellt von ...).
+ Erfindet eine Szene, die ihr darstellt.
+ Fertigt eine Collage an.
+ Gestaltet ein Poster.
+ Berichtet mittels ausgewählter Gegenstände.
+ Findet Schlagzeilen für das Thema.
+ Macht eine Pantomime.
+ Gestaltet eine Folie für den Overhead-Projektor.

[4] Überlegt bei der Auswahl eurer Methode:

+ Hat sie viel mit Reden, mit Hören, mit Sehen, mit Spielen zu tun?
+ Wie ist sie für euch als »Hersteller«?
+ Wie könnte sie auf die Zuhörer/Zuschauer wirken?
+ Mit welchen Methoden kann man das Dargebotene am besten behalten?

[5] Besprecht hinterher die gezeigten Methoden:
Was hat gefallen, was war wirksam/was weniger wirksam? Was könnte verbessert werden?

[07] Visuelle Wahrnehmung

Ziel	Das Sehen schärfen
Klasse	ab 5
Zeit	45 min
Material	Bilder oder Fotografien, Postkarten

Hinweise für die Lehrer/innen

Heute wird die visuelle Wahrnehmung ständig gefordert und dadurch auch bisweilen überfordert oder oberflächlich. Deshalb dient diese Stunde der genauen Beobachtung und deren sprachlicher Umsetzung.

Anleitungen für die Schüler/innen

[1] Bildet Dreiergruppen mit den Personen A, B, C.

[2] A nimmt eine bestimmte Haltung/Position ein, B beobachtet Person A und prägt sich möglichst viele Details ein (Haltung, Armstellung, Kleidung, Schmuck usw.).

[3] B schließt nun die Augen, während A Veränderungen an sich vornimmt (Haltung, Armstellung, Kleidung), und zwar jeweils nur drei.

[4] B öffnet die Augen und benennt die Veränderungen, während C kontrolliert und bestätigt oder verneint.

[5] Nach einigen Versuchen werden die Rollen vertauscht. Jede/r ist einmal A, B und C.

[6] Setzt euch nun zu zweit gegenüber (A und B). A hat ein Bild, eine Fotografie ... vor sich und beschreibt es/sie so genau wie möglich. Anschließend gibt B seine durch das Hören gemachten Vorstellungen wieder. Zum Schluss könnt ihr euch darüber unterhalten, ob und welche Unterschiede sich bei der Vermittlung ergeben haben. (Was der Sender sagt, ist noch lange nicht das, was beim Empfänger ankommt.)

[7] Alternative: A kann auch eine geometrische Figur (am besten mit gleich großen Strichen, siehe untenstehendes Beispiel) zeichnen und B mündliche Anweisungen geben, sie nachzuzeichnen. Anschließend dann Vergleich: Zeichnung – Anfertigung.

[8] Und schließlich: Tauscht eure Erfahrungen in der ganzen Klasse aus: Was ich sage – und was bei den anderen ankommt.

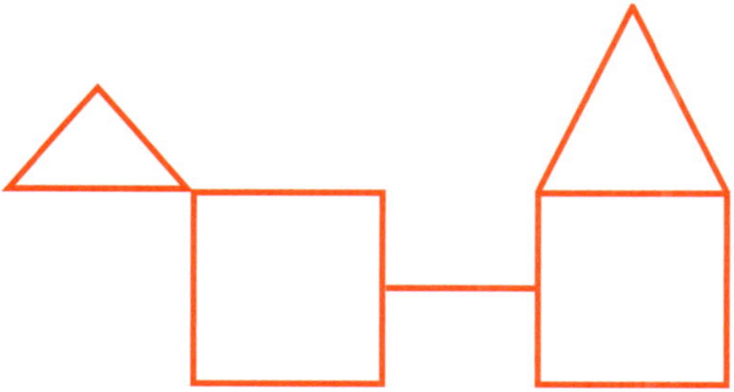

[08] Auditive Wahrnehmung

Ziel	Das Hören schärfen
Klasse	ab 5
Zeit	45 min

Hinweise für die Lehrer/innen

Bewusstes und genaues Wahrnehmen ist für viele Situationen im Leben von großer Bedeutung. Bedingt durch die Reizüberflutung geht die genaue Wahrnehmung aber oft verloren; deshalb ist es wichtig, sie wieder bewusst zu machen und zu schärfen. Dies soll durch die nachfolgenden Übungen geschehen.
Geben Sie den Schüler/innen das Stundenthema bekannt und die Gründe, warum Sie es gewählt haben.

Anleitungen für die Schüler/innen

[1] Legt bitte ein Blatt Papier und Schreibzeug vor euch auf die Bank und schließt die Augen. Nehmt wahr, was ihr alles außerhalb des Klassenzimmers hört (1–2 Minuten) und notiert die Geräusche.

[2] Schließt bitte die Augen und nehmt nun wahr, was ihr im Klassenzimmer hört (1–2 Minuten). Notiert die Geräusche.

[3] Sprecht in Gruppen über eure Wahrnehmungen.

[4] Bildet Vierergruppen mit den Personen A, B, C, D.

[5] B, C, D einigen sich auf ein gemeinsames Geräusch (Husten, Fingerschnippen, Zungenschnalzen), stellen sich in unterschiedlichem Abstand vor A auf und führen es ihm einzeln vor, während A mit geschlossenen Augen hört und sowohl die Reihenfolge erraten muss (Orten des Geräusches: Wer war der/die Erste, Zweite, Dritte?) als auch die Distanz (Wer war am nächsten, wer am weitesten entfernt?).
Die Geräusche können auch von unten kommen, indem ihr euch hinkniet, oder von oben, indem ihr euch auf einen Stuhl stellt. Dann kommen B, C und D an die Reihe.

[6] Nun erzeugen B, C, D im Wechsel (nicht gleichzeitig!) unterschiedliche Geräusche. A muss erraten, von wem sie stammen, und, wenn möglich, begründen: »Das Schnauben stammt von dir, weil ...«
Dann kommen B, C und D an die Reihe, um die Geräusche zuzuordnen.

[7] Unterhaltet euch anschließend in der Gruppe oder in der ganzen Klasse über eure Wahrnehmungen, Erfahrungen, Täuschungen.

[09] Kinästhetische Wahrnehmung

Ziel	Berührung/Bewegung in Sprache umsetzen
Klasse	ab 5
Zeit	45 min

Hinweise für die Lehrer/innen

Viele Schüler/innen haben zwar ein großes Berührungs-/Bewegungsrepertoire, aber oft nicht die sprachlichen Mittel zur Verfügung, es adäquat auszudrücken/mitzuteilen.
In dieser Stunde wird die kinästhetische Wahrnehmung trainiert und entsprechendes Sprachmaterial erarbeitet.

Jede Gruppe erhält folgendes Arbeitsblatt:

Substantive	Verben mit Adverbien	Adjektive

Es können auch andere Wortgruppen beschrieben werden: Riechen, Fühlen ... Oberfläche oder Struktur des jeweiligen Gegenstandes ...

Anleitungen für die Schüler/innen

[1] Bildet Dreiergruppen mit den Personen A, B, C.

[2] Jede Gruppe erhält ein Arbeitsblatt.

[3] Legt Gegenstände, die ihr gerade zur Verfügung habt, in die Mitte (Füller, Radiergummi, Heftklammer, Vase ...).

[4] A schließt die Augen, B gibt ihm/ihr einen Gegenstand in die Hand, den er/sie betastet (= begreift) und beschreibt; C überträgt die Beschreibungen in die Tabelle. (Es kommt in erster Linie nicht auf das Erraten, sondern auf das genaue Beschreiben an!)

[5] Wechselt die Tätigkeiten, bis alle mehrmals A, B, C waren.

[6] Anschließend werden die Beschreibungen aller A-Personen mit den Eintragungen der B- und C-Personen und den Gegenständen verglichen, und ihr könnt über die Genauigkeit/Ungenauigkeit sprechen.

[10] Fantasie und Kreativität

Ziel	Schöpferisch denken und handeln
Klasse	ab 6
Zeit	45 min

Hinweise für die Lehrer/innen

Es geht um kleine »Hörspiele«, die nur über Geräusche hergestellt werden dürfen. Es ist von Vorteil, wenn Sie schon einige »Geräuschhilfen« in den Unterricht mitbringen.

Wichtig: Es geht nicht um »Geräusche erraten«, sondern um ein »Hör-Spiel«, also um eine Story.

Themenvorschläge	
Moskitos bei Nacht	Erster Schultag
Abends am Seeufer/Teich	Auf dem Pausenhof
In der Disko	Auf dem Bauernhof
Im Zirkus	In der Tennishalle
Auf der Straße	Im Theater
Im Wald	In der Bahnhofsvorhalle
Auf dem Flughafen	Auf hoher See

Eine Darstellung über ein Aufnahmegerät ist möglich, aber nicht notwendig. »Live« ist besser.

Anleitungen für die Schüler/innen

[1] Bildet Gruppen nach Belieben und denkt euch ein »Hörspiel« (eine Geschichte, eine Szene ...) aus, das nur aus Geräuschen besteht.

[2] Vereinbart eine Geschichte, besorgt euch entsprechende Geräuschhilfen und übt das Hörspiel ein. Ihr habt x Minuten Zeit dazu.

[3] Jede Gruppe spielt nun die Szene hörbar vor, während die anderen mit dem Rücken zur Spielgruppe sitzen und – wenn möglich – die Augen geschlossen haben.

[4] Nach jeder Vorführung versuchen die Zuhörenden einen Titel des Hörspiels zu finden.

[5] Zum Schluss sprecht darüber, wie es euch als Produzenten/als Zuhörenden erging.

[11] Sichtwechsel und Umdeutung

Ziel	Durch Umdenken Probleme kreativ lösen
Klasse	ab 6
Zeit	45 min

Hinweise für die Lehrer/innen

Vielen Problemlösesituationen ist eines gemeinsam: Bewegt man sich in gewohnten Denkbahnen, gelingt die Lösung nicht. Verlässt man jedoch gängige Denkmuster, versucht Lösungen auf völlig neuen Wegen, gelingen sie überraschend oft. Für jeden Schüler einleuchtend ist das Rechenmuster $x + a = b$. Schüler, die nur vorwärts (in unserer Kultur von links nach rechts) denken, finden die Lösung schwer. Wer sich getraut, rückwärts ($b - a = x$) zu rechnen, kann schnell zur Lösung gelangen. Hier setzt die Stunde an. Gegenstände des Alltags (alles, was in einer Unterrichtsstunde greifbar ist) können ihrem ursprünglichen Verwendungszweck entsprechend eingesetzt werden oder in einer völlig anderen Art und Weise dienlich sein. Eine Büroklammer beispielsweise kann in den unglaublichsten Situationen ein hilfreiches Instrument sein (Hosengummi einziehen, zu einem Miniwerkzeug verformen, Angelhaken, Pinzette ...).

Anleitungen für die Schüler/innen

[1] Suche für dich allein 3 bis 5 Gegenstände zusammen, von denen du die Verwendung kennst (Radiergummi zum Radieren, Gießkanne zum Blumengießen, Schnürsenkel zum Schuhebinden).

[2] Denke dir jetzt eine ganz verrückte Verwendungsmöglichkeit für deine Gegenstände aus: Radiergummi als Nadelkissen, Gießkanne als Blasinstrument, Schnürsenkel als Bindfaden für den Rollbraten ...

[3] Baue deine gelungenste Verwendungsmöglichkeit in eine kleine Geschichte ein. Die Überschrift könnte heißen: Zum Glück hatte ich x dabei.

[4] Notiere die Geschichte in Stichworten oder zeichne sie als Bildergeschichte (Comic).

[5] Erzählt euch eure Geschichten in Gruppen oder vor der ganzen Klasse. Bildergeschichten (Comics) lassen sich auf Folie übertragen und über den Overhead-Projektor der ganzen Klasse vorführen.

[12] Kreativer Umgang mit Wissen

Ziel	Kreativität und Teamfähigkeit entwickeln
Klasse	ab 6
Zeit	45–90 min
Material	große Papierbögen/leere Poster, Würfel

Hinweise für die Lehrer/innen

Die Schüler/innen entwickeln in Kleingruppen (4–5 Personen) gemeinsam ein Spiel. Mögliche Themen können sein:

Themenvorschläge	
Stoff der vergangenen Stunde	Thema »Gewalt«
Lektüre X	Klassenklima
Film Y	»Wohlfühl-Schule«
Hausaufgaben	Zukunftspläne
Klassenfahrt	Freundschaft

Vorgehensweise: siehe »Anleitungen für die Schüler/innen«

Didaktischer Hintergrund: Verknüpfung von Wissen und Tun, von Wissensfrage und Aktivität, von »Spiel herstellen« und »Stoff lernen«.

Variante: Damit man einen Spielplan mehrfach benutzen kann, ist es auch möglich, die Fragen auf Karten zu schreiben und diese neben den Aktivitätskarten zu stapeln. Auf dem Spielplan steht dann anstelle der konkreten Frage nur der Begriff »Siehe Fragekarte«.

Anleitungen für die Schüler/innen

[1] Bildet Gruppen zu je vier bis fünf Spieler/innen und einigt euch auf ein Thema. Jede/r von euch bekommt drei bis fünf leere Karten. Schreibt darauf je eine Aktivität (aber keine Wissensfrage!), die Bezug zum Thema haben kann oder nicht (z. B.: »Hüpfe auf einem Bein um den Tisch!« – »Male das Profil deines Nachbarn!« – »Buchstabiere das Wort X!«).

[2] Schreibt noch insgesamt fünf Karten mit Spielanweisungen, z. B.: Gehe fünf Felder vor/zurück; setze aus, überhole.

[3] Nehmt einen großen leeren Bogen Papier und schreibt das Thema in die Mitte. Markiert den Startpunkt und stellt eure Spielfiguren auf. Der erste Spieler würfelt und malt so viele Felder auf den Papierbogen, wie er Augen gewürfelt hat. Neben das zuletzt gemalte Feld schreibt er entweder eine Wissensfrage, die sich auf das Thema bezieht, oder er notiert »Spielanweisungskarte«. Jede/r kommt dran, wodurch sich das Spiel von selbst weiterentwickelt.

[4] Anschließend kann das fertige Spiel mit dem Spiel einer anderen Gruppe ausgetauscht werden, sodass jede Gruppe ein neues Spiel hat.

[13] Brückenbau

Ziel	Eine Aufgabe gemeinsam bewältigen
Klasse	ab 7
Zeit	90 min
Material	Gegenstände zum Brückenbauen

Hinweise für die Lehrer/innen

Die Schüler/innen bauen eine Brücke mithilfe verschiedener Materialien, die sie im Klassenraum/in der Schule vorfinden: Wie gehen sie vor, um die Aufgabe *gemeinsam* zu lösen? Sie als Lehrer/in sind in diesem Prozess Begleiter, Helfer, Beobachter ...

Anleitungen für die Schüler/innen

[1] Bildet Gruppen von vier bis sechs Personen, wobei jeweils zwei Gruppen (zwei Teams) zusammenarbeiten.

[2] Eure Aufgabe lautet: Baut eine Brücke aus Materialien, die euch im Klassenzimmer/in der Schule zur Verfügung stehen. Es kommt darauf an, dass die Brücke
+ möglichst lang ist,
+ originell aussieht und
+ so stabil ist, dass man ein Buch darauflegen kann.

[3] Beachtet: Die Einzelteile dürfen nicht größer sein als ein DIN-A4-Format. Die Teile könnt ihr biegen, fügen, schneiden, kleben, falten.

[4] Zur Ausführung habt ihr 60 Minuten Zeit.

[5] Achtung: Jede Brücke wird von zwei Teams gebaut, die jeweils die linke bzw. die rechte Hälfte der Brücke herstellen. Nach Ablauf der Zeit müssen die beiden Teile zusammengefügt werden. Das Brückenbauen der Partnergruppe darf nur aus der Entfernung beobachtet und über »Botschafter« besprochen werden. Zeichnungen oder Muster dürfen nicht ausgetauscht werden.

[6] Nach Ablauf der Zeit werden die beiden Brückenteile zusammengefügt und auf ihre Tauglichkeit hin überprüft.

[7] Anschließend werden die verschiedenen Brücken in der Klasse präsentiert.

[8] Und wie erging es euch während eurer Arbeit?

[14] Mehrperspektivisches Denken

Ziel	Unterschiedliche Problemzugänge
Klasse	ab 8
Zeit	45–90 min

Hinweise für die Lehrer/innen

Im Zeitalter einer immer komplexer werdenden Welt und zunehmender Globalisierung hat die Schule auch die Aufgabe, ihre Schüler/innen mit unterschiedlichen Denkmustern vertraut zu machen und ihnen zu zeigen, welche Chancen andere Denkmodelle haben (Umgang mit verschiedenen »Wirklichkeiten«).

Es geht in dieser Stunde um folgende drei verschiedene Grundmuster:

+ um den »Träumer«
+ um den (kritischen) »Denker«
+ um den »Macher«.

Der »Einstieg« beginnt damit, dass Sie die Schüler/innen über diese drei Grundmuster (= Persönlichkeitsanteile) informieren, gegebenenfalls mit anschließendem kurzem Klärungsgespräch, mit Fallbeispielen (womöglich aus der Klasse) oder durch kurze Rollenspiele (siehe auch umseitige Modelldarstellung).

Beispiele von Aufgaben-/Problemstellungen:
+ Wir richten ein Klassenzimmer ein.
+ Wir planen eine Klassenfahrt.
+ Ein Sturm hat den Schulhof zerstört: Plant die Wiederherstellung!
+ SMV: Die Putzkolonne organisieren wir selbst.

Anleitungen für die Schüler/innen

[1] Bildet drei Gruppen: eine »Träumer«-, eine »Denker«- und eine »Macher«-Gruppe.

[2] Ich stelle euch folgende Aufgabe/folgendes Problem vor mit der Bitte, sie/es zu lösen, und zwar im Sinne des »Träumers«, des »Denkers« und des »Machers«.

[3] Ihr habt nun ca. 20–30 Minuten Zeit für Lösungsvorschläge und anschließend je fünf Minuten, eure Vorschläge/Positionen der Klasse vorzustellen.
Wählt bitte
+ einen Gruppenleiter
+ einen Protokollanten
+ jemanden, der die Vorschläge präsentiert.

[4] Zum Schluss unterhalten wir uns über eure Arbeit in den Gruppen und über die Stärken und Schwächen der drei Grundmuster.

Soziales Lernen

[15] Kommunikation und Verstehen

Ziel	Sich kennenlernen und sich verstehen
Klasse	ab 5
Zeit	45 min

Hinweise für die Lehrer/innen

Bei dieser »Kugellager-Methode« sind Sie Spielleiter und Moderator und geben den Schüler/innen Möglichkeiten, sich näher und besser kennenzulernen.
Überlegen Sie sich bitte Gesprächsthemen, die das Kennenlernen/Verstehen fördern.

Hier einige Vorschläge:

+ Teilt euch etwas Freundliches mit: »Was ich dir schon immer sagen wollte«
+ Sprecht darüber: »Mir sind folgende Menschen wichtig, weil ...«
+ »Mir macht Schule Spaß/keinen Spaß, weil ...«
+ »Ich finde Computer, Sport, Rauchen gut/nicht gut, weil ...«

Beobachten Sie bitte Ihre Schüler/innen während der Gespräche, damit Sie in etwa abschätzen können, wann Sie ein neues Thema anbieten und den Sitzwechsel vornehmen können, damit die Schüler/innen neue Gesprächspartner erhalten.

⚠ Bemerkung

Diese Methode eignet sich auch für verschiedene Unterrichtsfächer und gibt Möglichkeiten, Wissen zu erfahren und auszutauschen.

Anleitungen für die Schüler/innen

[1] Ich lade euch ein zu einem »Kennenlernspiel«. Bildet bitte zwei Kreise mit je gleicher Anzahl; dabei gibt es einen Innen- und einen Außenkreis:
Wer im Innenkreis sitzt, blickt nach außen, wer im Außenkreis sitzt, nach innen.

[2] Jede/r von euch hat nun ein Gegenüber und kann sich mit ihm unterhalten.
Ich stelle euch Gesprächsthemen, die ihr besprechen könnt. Wenn der Gong ertönt, erfolgt Platzwechsel, und zwar folgendermaßen: Nur die Schüler im Außenkreis rücken um einen oder mehrere Plätze im Uhrzeigersinn weiter. So habt ihr jetzt alle neue Gesprächspartner.

[3] Nach jedem Thema wird gewechselt.

[4] Ganz zum Schluss reden wir über eure Erfahrungen und über die Methode, die ich euch vorgestellt habe.

[16] Kooperation

Ziel	Gemeinsam planen, Vereinbarungen
Klasse	ab 5
Zeit	45 min

Hinweise für die Lehrer/innen

In dem nachfolgenden Spiel können die Schüle lernen, miteinander zu planen und Vereinbaru treffen.
Sie sind Spielleiter und sorgen für die Einhalt Regeln.

Anleitungen für die Schüler/innen

[1] Ich lade euch zu einem Spiel ein, in dem es meinsame Planung und um Vereinbarunge Es heißt: »Reise zu dritt«.

[2] Bildet Gruppen zu je drei Personen.

[3] Jede Gruppe bekommt die gleichen Aufgaben
+ Stellt euch vor, ihr macht eine Reise zu dritt euch, in welches Land ihr fahren/fliegen w
+ Nun ist Folgendes passiert: Man hat eucl dreien eure Ausweispapiere, euer Gepäck ur ganzes Geld gestohlen.

+ Ihr müsst 24 Stunden an eurem Reiseort verbringen: Was unternehmt ihr? Wie bekommt ihr zu essen und zu trinken? Wo schlaft ihr? Eurer Fantasie sind keine Grenzen gesetzt!
+ Denkt euch eine tolle Geschichte aus, wie ihr den Tag und die Nacht »überlebt« habt.
+ Nach 24 Stunden (= in 20 Minuten) berichtet ihr euch gegenseitig von euren Unternehmungen. Jede Gruppe hat dazu einige Minuten Zeit. Eure Berichte können erzählt oder szenisch dargestellt werden.

[4] Ich bin gespannt auf eure Reiseberichte.

[17] Schwächen und Fehler

Ziel	Kritik annehmen, angemessen reagieren
Klasse	ab 5
Zeit	45 min

Hinweise für die Lehrer/innen

In dieser Stunde geht es um den Umgang mit Schwächen/Fehlern mit dem Ziel, dass die Schüler/innen (und auch Sie!?) nachspüren, was sie empfinden, wenn sie von anderen auf ihre Schwächen hingewiesen werden – und wie sie reagieren.
Sie sind »Sozialexperte« und Moderator.

Anleitungen für die Schüler/innen

[1] Kreisgespräch: Wie geht es euch, was empfindet ihr, wenn ihr auf Schwächen und Fehler aufmerksam gemacht werdet?

[2] Ich habe euch ein Arbeitsblatt mitgebracht. Überlegt euch eure Reaktionen und füllt es einzeln aus. Ihr habt x Minuten Zeit. (Eure Notizen bleiben anonym.)
Zur Unterscheidung:
+ Was empfindet/fühlt ihr, wenn ihr die Rückmeldung bekommt?
+ Wie handelt/reagiert ihr?

[3] Wenn andere mich kritisieren, dann geschieht das meist so:

+ Sie werfen mir was vor.
+ Sie schreien mich an.
+ Sie beleidigen mich.
+ Sie sagen es mir offen und ehrlich.
+ Sie beschimpfen mich.
+ Sie sagen es in anständigem Ton.
+ Sie sagen es anderen weiter.
+ Sie reden nicht mehr mit mir.
+ Sie reden fair mit mir.

[4] Zum Schluss im Kreisgespräch:

+ Wer möchte zum Thema noch etwas sagen?
+ Wie wünscht ihr euch von anderen Hinweise auf eure Schwächen/Fehler?
+ Wie möchtet ihr in Zukunft auf Kritik reagieren?

Arbeitsblatt Schwächen und Fehler

Wie hast du reagiert, wenn andere dich auf Fehler aufmerksam gemacht haben, die du zu verantworten hast?

Reaktion
Ich beschuldige andere Menschen/Umstände.
Ich greife meinen Kritiker an.
Ich explodiere.
Ich gebe es nicht zu und streite alles ab.
Ich überlege, wie ich es meinem Kritiker heimzahlen kann
Ich bin beleidigt oder schmolle.
Ich nehme die Kritik an und stehe zu meinem Fehler.
Ich frage nach: Was soll da gewesen sein?
Ich schweige, weil ich mich schuldig fühle.
Ich weine.
Ich denke darüber nach.
Ich …
Ich …
Ich …
Raum für freie Äußerungen:

	selten	manchmal	oft
	☐	☐	☐
	☐	☐	☐
	☐	☐	☐
	☐	☐	☐
	☐	☐	☐
	☐	☐	☐
	☐	☐	☐
	☐	☐	☐
	☐	☐	☐
	☐	☐	☐
	☐	☐	☐
	☐	☐	☐
	☐	☐	☐
	☐	☐	☐

[18] Konfliktlösemuster

Ziel	Verschiedene Konfliktlösungen kennenlernen
Klasse	ab 5
Zeit	45–90 min

Hinweise für die Lehrer/innen

In der Klasse (Gruppe, Familie ...) gibt es immer wieder Streitereien, Streitigkeiten, offene Konflikte und unterschwellige Feindseligkeiten ..., mit denen Menschen unterschiedlich umgehen.
Sie stellen den Schüler/innen drei Möglichkeiten/Modelle vor:

+ das »Gewinner-Verlierer-Modell«
+ das »Verlierer-Verlierer-Modell«
+ das »Gewinner-Gewinner-Modell«

Dabei sind Sie Experte, Vermittler, Ansprechpartner.

Anleitungen für die Schüler/innen

[1] Sammelt Konfliktsituationen/Streitanlässe – in Partner- oder Kleingruppenarbeit – und schreibt sie auf ein Blatt Papier. Ihr habt dazu x Minuten Zeit.

[2] Lest eure Notizen bitte vor; ich schreibe sie an die Tafel/auf Folie.

[3] Bildet nun drei Gruppen und wählt je ein Thema.

[4] Ich informiere euch nun kurz über drei Möglichkeiten, Konflikte und Streitereien zu lösen. Es gibt das
+ Gewinner-Verlierer-Muster (a)
+ Verlierer-Verlierer-Muster (b)
+ Gewinner-Gewinner-Muster (c)

[5] Jede Gruppe zieht bei mir eine Karte: Muster a, b, c.

[6] Alle drei Gruppen bekommen nun folgende Aufgaben (Zeit: ca. x Minuten):
+ Spielt die Situation in der Gruppe nach eurem Muster.
+ Überlegt und notiert: Welche Gedanken und Gefühle haben die Beteiligten nach der jeweiligen »Lösung«?

[7] Spielt die Szene nochmals vor der Klasse, sodass ihr alle die drei Konfliktlösemuster kennenlernt.

[8] Abschlussrunde: Welche Schlussfolgerungen zieht ihr?

[19] Selbst- und Fremdwahrnehmung

Ziel	Sich selbst u. andere bewusst(er) wahrnehmen
Klasse	ab 6
Zeit	45 min

Hinweise für die Lehrer/innen

In dieser Stunde sollen sich die Schüler/innen bewusster wahrnehmen. Die Arbeit vollzieht sich in verschiedenen Phasen.
Schätzen Sie bitte ein, ob in der Klasse solche »nahen« Übungen möglich sind.
Führen Sie mit einigen Worten in das Thema ein.

Anleitungen für die Schüler/innen

[1] Bildet Paare und setzt euch einander gegenüber: A führt eine Bewegung aus, B ist der »Spiegel« und macht sie gleichzeitig nach. Wechsel.

[2] Bildet Paare: A liegt als »Marionette« auf dem Boden und B ist der Marionettenspieler, der A »an Fäden« hat (abwechselnd Füße, Beine, Arme, Kopf). Während B die »Fäden zieht«, muss A mit den entsprechenden Körperbewegungen reagieren.

[3] Bildet Gruppen von ca. fünf Personen. Eine/r von euch geht vor die Türe, während die anderen von ei-

nem Mitglied der Gruppe auf einem Packpapier eine Zeichnung eines Körperteils anfertigen, z. B. Füße, Hände, Ohr, Nase, Kopf.
Die Schülerin/der Schüler vor der Tür kommt herein und muss die Person erraten. Den Vorgang mehrmals wiederholen.

[4] A schließt in der Gruppe die Augen; drei andere sprechen je einen Satz hintereinander. A muss nun erraten: Nr. 1 warst du, weil ... Nr. 2 du, weil ... Nr. 3 du ..., weil ...

[5] In der Gruppe werden drei Personen nach ihrem Äußeren von A betrachtet. Anschließend geht A vor die Türe und die drei Personen nehmen je drei Veränderungen an sich vor (z. B. Schmuck-, Schuh-, Kleiderwechsel, andere Sitzhaltung).
A kommt herein und muss die Veränderungen bekannt geben. Den Vorgang mehrmals wiederholen.

[6] Zum Schluss kommt bitte in den Kreis zu einem abschließenden Gespräch über eure Erfahrungen.

[20] Wahrnehmung und Rückmeldung

Ziel	Andere wahrnehmen und Rückmeldung geben
Klasse	ab 7
Zeit	45 min

Hinweise für die Lehrer/innen

Es ist im Zusammenleben wichtig, sich wahrzunehmen und sich gegenseitig Rückmeldung über das Verhalten zu geben, ein bisweilen schweres oder für manche ungewohntes Unterfangen. Zwei Übungen erleichtern das Sichöffnen.

Anleitungen für die Schüler/innen

Ihr habt heute die Möglichkeit, durch zwei Übungen das auszusprechen, was ihr euch schon immer sagen wolltet:

[1] Namensbotschaften

Bildet Paare, nehmt ein Blatt Papier und schreibt den Vor- und Nachnamen eures Gegenübers auf die linke Seite untereinander. Nun überlegt zu jedem Buchstaben ein Wort, das zu eurem Partner/eurer Partnerin aus eurer Sicht passt:

S tur (manchmal)
I mpulsiv
M utig (oft)
O
N eugierig (positiv)
E rnst

»Wie ich dich sehe/erlebe« (Ihr müsst nicht alle Buchstaben verwenden.) Wenn ihr beide fertig seid, sprecht über eure Mitteilungen.	J O S T	ammernd (nie) chweigsam

[2] Wirkungsbotschaften

Sucht euch eine Partnerin/einen Partner, mit dem ihr jetzt gerne reden wollt. Es ist auch eine Dreiergruppierung möglich.

A hat B gegenüber drei Sätze offen:
Einen Wirkungssatz:
In letzter Zeit wirkst du auf mich ...
Einen Reaktionssatz:
Und deshalb reagiere ich auf dich so ...
Einen Fragesatz:
Warum bist du so/ist das bei dir so?

B hat A gegenüber ebenfalls drei (Reaktions-)Sätze offen:
Einen Ichsatz:
Ich sehe mich auch so .../oder anders ...
Einen Antwortsatz:
Bei mir ist das so, weil ...
Einen Zukunftssatz:
In Zukunft werde ich/werde ich nicht ...

Und nun Wechsel: B beginnt mit seinen drei Sätzen und A reagiert.

[21] Beziehungsklärung

Ziel	Erfahren, wie man zueinander steht
Klasse	ab 7
Zeit	45 min

Hinweise für die Lehrer/innen

Durch die nachfolgenden drei »Spiele« können sich die Schüler/innen auf sehr achtsame Weise mitteilen, wie sie zueinander stehen.
Sie sind dabei Spiel- und Gesprächsleiter, der einleitend einige Worte zum Sinn der Spiele und zum achtsamen Umgang miteinander etwas sagt.

Anleitungen für die Schüler/innen

Ich schlage euch heute drei »Spiele« vor, durch die ihr euch näher kennenlernen könnt und durch die euch bewusster wird, wie ihr zueinander steht:

[1] Partnerzeichnung

Nehmt ein DIN-A4-Blatt, setzt euch paarweise nebeneinander und nehmt gemeinsam nur ein Schreibzeug in die Hand. (Entscheidet, wer den Stift oben und wer ihn unten hält.)
Beginnt nun – ohne miteinander zu reden! – eine Zeichnung, konkret oder abstrakt, und hört auf, wenn ihr nicht mehr wollt oder die Zeichnung eurer

Meinung nach fertig ist. Und nun unterhaltet euch über eure Vorgehensweise (Führung, Geführtwerden, Zwang, Druck, Miteinander).

[2] Schuhspiel

Bildet Gruppen von sechs bis acht Personen, setzt euch im Kreis (Stuhl oder Boden) und zieht euren rechten Schuh aus. A beginnt und legt seinen/ihren Schuh in die Mitte. Nach- und hintereinander legen die anderen – bitte Zeit lassen und überlegen – ihren Schuh so dazu, dass durch Lage und Entfernung die Beziehung zu A deutlich wird; z. B.: daneben, weit weg, berührend ... Wenn alle ihren Schuh gelegt haben, können noch Veränderungen erfolgen. Sprecht kurz miteinander über die Schuhstellungen und über eure Beziehungen zu A und entfernt eure Schuhe. Dann kommt B an die Reihe, dann C usw.

[3] Geschenkrunde

Macht einen Sitzkreis, schließt die Augen und denkt nun an euren rechten Nachbarn/eure rechte Nachbarin: Was habt ihr Positives mit ihm/ihr in der letzten Zeit erlebt?

Und nun denkt euch ein (symbolisches) Geschenk aus, das ihr ihm/ihr überreichen könnt, etwa mit folgenden Worten: Ich schenke dir ein weiches Kissen, damit du nicht stehen musst, weil du gestern auf mich gewartet hast, weil ... Ich schenke dir eine Kinokarte für ..., weil ich weiß, dass du gerne in diesen Film gehen möchtest.

Zum Schluss: Wie waren für euch diese drei Spiele?

[22] Unsympathische Menschen

Ziel	Empathie und Verhaltensänderung
Klasse	ab 7
Zeit	45 min

Hinweise für die Lehrer/innen

Schüler/innen machen die Erfahrung, dass sie sich gegenseitig nicht nur sympathisch, sondern auch unsympathisch finden. In dieser Stunde geht es darum, sich besser zu verstehen und hinter das Unsympathischsein zu sehen: Vielleicht gibt es doch noch etwas Sympathisches/Liebenswertes beim Gegenüber zu entdecken.
Zu Beginn bitten Sie eine Schülerin/einen Schüler, mit Ihnen die Übung zu demonstrieren, die dann in Kleingruppen übernommen wird. Geben Sie sprachlich gegebenenfalls etwas Hilfestellung:

unsympathisch	dahintergeblickt
Bewertung: abweisend, überheblich ...	Bewertung: hilflos, unsicher ...
Gefühle: Wut, Unbehagen ...	Gefühl: Mitleid ...
Handlung: davonlaufen	Handlung: zuhören, reden ...

Wichtig ist, dass Sie folgenden Zusammenhang in der Demonstrationsübung herausarbeiten: zuerst erlaubte *Bewertung*, dann die daraus entstehenden *Gefühle*, schließlich die resultierenden *Handlungen*.

Anleitungen für die Schüler/innen

[1] Heute stelle ich euch eine Übung vor, durch die ihr lernt, besser mit unsympathischen Menschen umzugehen. Ich brauche dafür einen Freiwilligen.

[2] Hier sind zwei Stühle; setze dich bitte auf einen davon und stelle dir auf dem anderen leeren Stuhl jemanden vor, der dir unsympathisch ist – jedoch anonym bleibt.

[3] Ich habe nun drei Aufgaben an dich:
+ Nenne Eigenschaften, die du an ihm/ihr unsympathisch findest.
+ Sag uns, welche Gefühle du hast bzw. was du ihm/ihr gegenüber empfindest.
+ Was würdest du jetzt am liebsten tun?

Ich stelle fest: Du hast deine dir vorgestellte Person bewertet, ihr gegenüber Gefühle entwickelt und schließlich (in deiner Vorstellung) gehandelt.

[4] Nun habe ich nochmals drei Aufgaben an dich:
+ Blicke hinter den leeren Stuhl: Gibt es etwas, was du an deinem Gegenüber sympathisch findest – wenn du dich in ihn hineinversetzt?
+ Sag uns, welche Gefühle du jetzt hast.
+ Was würdest du jetzt am liebsten tun?

Vielleicht hat sich deine Bewertung verändert, auch deine Gefühle – dann auch deine Handlungen.

[5] Probiert nun das in [3] und [4] Vorgestellte in Kleingruppen selbst aus (anonym oder offen/direkt).

[23] Vertrauensbildung

Ziel	Einander vertrauen lernen
Klasse	ab 7
Zeit	45 min

Hinweise für die Lehrer/innen

In einer vertrauensvollen Atmosphäre kann besser und entspannter gelernt werden. Diesmal können die Schüler/innen Vertrauen erfahren. Voraussetzung ist ein behutsamer Umgang miteinander.

Anleitungen für die Schüler/innen

[1] Heute schlage ich euch eine Übung vor, in der ihr gegenseitig Vertrauen erfahren könnt. Dabei bitte ich euch um ein sehr rücksichtsvolles und einfühlendes Verhalten.

[2] Wählt einen Partner/eine Partnerin (A und B), den/die ihr sympathisch findet …

[3] Ihr habt nun insgesamt 30 Minuten Zeit zu folgender Übung:
In den ersten 15 Minuten ist A »blind« und lässt sich von B führen (z. B. an die Hand nehmen, einhaken). Ihr könnt durch die Schule und/oder auf das Schul-

gelände gehen (Nehmt bitte Rücksicht auf die anderen Klassen!). Nach 15 Minuten erfolgt der Wechsel: Nun ist B »blind« und A führt.

[4] Während eures Spaziergangs könnt ihr schweigen, miteinander reden und euch Hinweise bezüglich des Weges geben (z. B.: »Vorsicht Stufe«, »Achtung: Es geht um die Ecke«).

[5] Unterhaltet euch auch darüber, wie es euch geht; z. B.: »Ich trau mich nicht ganz, ich bin unsicher, ich habe Angst. Geh mit mir bitte langsamer.«
Wichtig ist, dass ihr euch auf euren »blinden« Partner gut einstellt.

[6] Wenn ihr wieder im Klassenzimmer seid, sprechen wir miteinander über eure gemachten Erfahrungen:
+ Was habt ihr erlebt?
+ Gab es Schwierigkeiten?
+ Seid ihr an Grenzen gestoßen?

[24] Stärken und Schwächen

Ziel	Mit Stärken/Schwächen konstruktiv umgehen
Klasse	ab 7
Zeit	45 min

Hinweise für die Lehrer/innen

Wir Menschen haben alle Stärken und Schwächen, die von uns selbst und von anderen unterschiedlich wahrgenommen, erlebt und bewertet werden: Was für den einen Stärke bedeutet, ist für den anderen Schwäche ... und umgekehrt.
In dieser Stunde geht es darum, dass die Schüler/innen sich Gedanken über ihre eigenen Stärken und Schwächen machen und dass sie wahrnehmen, wie diese auf andere in der Klasse wirken. Sie sind Gesprächsleiter und beginnen mit einem Klassengespräch: Information/Klärung.

Anleitungen für die Schüler/innen

[1] Bildet bitte einen Sitzkreis. Heute möchte ich mit euch über eure Stärken und Schwächen reden und welche Erfahrungen ihr damit gemacht habt.

[2] Nehmt nun je ein Blatt Papier (Hochformat) und schreibt auf, was euch zum Thema einfällt, z. B. so:

Meine Stärken	Meine Schwächen
Mathe	Sport
Tischtennis	oft kein Bock auf ...
bin hilfsbereit	bin schnell beleidigt

[3] Wenn ihr fertig seid, so sucht euch eine Partnerin/einen Partner, lest euch eure »Stärken« und »Schwächen« vor und unterhaltet euch darüber, ob eure Partner eure Einschätzung bestätigen oder verneinen: »Siehst du meine Stärken/Schwächen auch so wie ich?«

[4] Wenn ihr fertig seid, sucht euch noch ein Gesprächspaar und bildet eine Vierergruppe. Sprecht nun über eure Ansichten/Erfahrungen: Stärken können zu Schwächen »kippen« und umgekehrt:
Zum Beispiel: Für den einen ist Ruhe eine Stärke, für den andern kippt sie zur Langeweile. Für die eine ist Mathe »ganz toll«, die andere hat Angst vor diesem Fach. Für die einen ist Anbrüllen »cool«, für die anderen beleidigend.

[5] Zum Schluss treffen wir uns im Kreis und sprechen über eure Ansichten.

[25] Kommunikation und Kooperation I

Ziel	Schlüsselqualifikationen einüben
Klasse	ab 7
Zeit	45 min
Material	3 Umschläge, 11 Karten, 1 Bleistift, 1 Anspitzer

Hinweise für die Lehrer/innen

Dieses Spiel wird in drei Gruppen (A, B, C) durchgeführt. Sie geben bekannt, was sich jeweils in den Umschlägen befindet.

Anleitungen für die Schüler/innen

[1] Bildet drei Gruppen mit gleicher Anzahl und gebt euch als Gruppe einen Namen.

[2] Zieht einen Umschlag (verdeckt) und seht nach, was er enthält.

[3] Euer Ziel ist, so viele einzelne Karten wie möglich mit eurem Gruppennamen zu beschriften. Es darf nur das ausgegebene Material verwendet werden.

[4] Benennt in jeder Gruppe einen Abgeordneten/Vertreter, der die Verhandlungen – auf neutralem Boden – beginnt. Ziel der jeweiligen Verhandlungsrun-

den ist es, im *Austausch* Kärtchen, Bleistift (vorher abbrechen) und Spitzer zu erhalten, um die Kärtchen beschriften zu können. Alle anderen hören von außen zu.

[5] Die einzelnen »Runden« bestehen also aus
+ der Wahl des Abgeordneten
+ der Verhandlung
+ der Beschriftung in der Gruppe
+ und dann zurück in die »Verhandlungsrunde«

[6] Euer Spiel ist zu Ende, wenn Einigung erzielt worden ist oder wenn die vereinbarte Zeit abgelaufen ist.

[7] Wenn ihr wollt, könnt ihr anschließend über eure Arbeit und eure Erfahrungen sprechen: Schwierigkeiten, Blockaden, Streit, Einigung, Lösungen.

[8] Zum Schluss treffen wir uns alle zu einem Kreisgespräch.

[26] Kommunikation und Kooperation II

Ziel	Kooperieren und Vereinbarungen treffen
Klasse	ab 9
Zeit	45 min

Hinweise für die Lehrer/innen

Sie informieren die Schüler/innen über eine Reise »ganz besonderer Art«. Während die Schüler/innen arbeiten, schreiben Sie an die Tafel eine Tabelle:

Gruppe I	Gruppe II	Gruppe III	Gruppe IV

Anleitungen für die Schüler/innen

[1] Ich habe heute ein Reiseangebot »ganz besonderer Art«: Stellt euch als Reiseziel eine Insel vor, egal wo sie liegt: im Süden oder im Norden der Erdkugel. Für Essen und Trinken ist gesorgt.

[2] Zunächst trifft jede/r von euch die Reisevorbereitungen allein.

Es dürfen nur acht Gegenstände aus den nachfolgenden 15 mitgenommen werden: Wählt aus und notiert euch die *acht* Gegenstände (Nummern genügen):

1	ein Erste-Hilfe-Koffer	9	eine Spielesammlung
2	ein Kassettenrekorder	10	Geld und Ausweis
3	eine Luftmatratze	11	ein Zelt
4	ein Rucksack mit Wäsche	12	drei Bücher
5	ein Tagebuch	13	eine Hängematte
6	ein Fernsehapparat	14	ein Angelgerät
7	eine Taucherausrüstung	15	ein Schlauchboot
8	ein Computer/Laptop		

[3] Nehmt nun das Blatt mit den acht notierten Gegenständen, sucht euch eine Reisebegleitung – und zu zweit einigt ihr euch auf *sieben* Gegenstände, die ihr mitnehmt. (Gütliche Einigung: »Erpressung« ist verboten!)

[4] Nun sucht ihr euch als Tandem noch ein Tandem, bildet ein Quartett und einigt euch aus den mitgebrachten sieben Gegenständen auf gemeinsame *sechs*.

[5] Ihr könnt nun als Quartett noch ein anderes Quartett einladen und euch zu acht auf insgesamt *fünf* Gegenstände einigen.

[6] Zum Schluss trage ich eure Entscheidungen in die Tabelle ein, und wir vergleichen die Gemeinsamkeiten und die Verschiedenheiten.

Das Lernen lernen

[27] Werbung und Lernen

Ziel	Mnemotechniken aus der Werbung nutzen
Klasse	ab 5
Zeit	45 min

Hinweise für die Lehrer/innen

Die meisten Schüler/innen kennen unzählige Werbesprüche und behalten sie »spielend«. Was das Behalten und Einprägen betrifft, so ist von der Werbung eine Menge zu lernen. Folgende »Merkhilfen« werden immer wieder angewendet:

+ Reime (Endreime/Stabreime)
+ Wiederholungen
+ Melodien
+ Assoziationen
+ Vergleiche
+ Bilder
+ Kurzformeln
+ Farben

Anleitungen für die Schüler/innen

[1] Heute erweitert ihr eure Merkhilfen. Die Werbung hat da prima Beispiele: Ich nenne euch einige, und ihr antwortet:
Zu Risiken und Nebenwirkungen ... fragen Sie Ihren Arzt oder Apotheker.

Wir geben Ihrer Zukunft ein Zuhause. LBS
Nichts ist unmöglich. Toyota
Wir machen den Weg frei. Volks- und Raiffeisenbanken
Ich liebe es. McDonald's
und ... ?

[2] Geht in Gruppen und notiert weitere Slogans, die ihr kennt. Anschließend lest sie allen vor – und wir erraten sie.

[3] Klassengespräch: Warum können wir uns die Werbeslogans so gut merken? Schauen wir uns die Merkhilfen mal genauer an. Ich schreibe sie an die Tafel.

[4] Findet nun in Partner- oder Kleingruppenarbeit »Mersprüche« für die verschiedenen Fächer, und zwar mithilfe der an der Tafel stehenden Vorschläge: Reime, Melodien, Kurzformeln.

[5] Zum Schluss stellt ihr sie der ganzen Klasse vor.

[28] Zeiteinteilung

Ziel	Die Lernzeit sinnvoll planen
Klasse	ab 5
Zeit	45 min

Hinweise für die Lehrer/innen

In dieser Stunde geht es um zweierlei:

+ Durch Rückschau wird den Schüler/innen bewusst, wofür sie ihre Lernzeit aufwenden.
+ Sie lernen, wie sie Lernzeit planen/einteilen können.

Anleitungen für die Schüler/innen

[1] Heute könnt ihr überprüfen, wie viel Zeit ihr für eure Lernzeit daheim verwendet, und lernen, wie man sinnvoll die Lernzeit plant.

[2] Denkt an den gestrigen Tag und notiert Uhrzeit (von wann bis wann?), Tätigkeiten (was?) und Dauer (wie lange?) eurer Hausaufgaben. Hier ein Beispiel:

Zeit	Tätigkeiten	Dauer
14.30–14.50	Englisch: Vokabeln gelernt	20'
15.00–15.25	Mathe: Aufgaben S. 28 gemacht	25'
15.30–15.45	Biologie: Zeichnung angefertigt	15'
19.15–19.25	Englisch: Vokabeln wiederholt	10'

[3] Vergleicht eure Notizen – und diskutiert über die (unterschiedlichen) Eintragungen und über die Lerntipps (siehe Extraseite):

+ Zu welchen Tageszeiten kannst du am besten lernen?
+ Wie viele Pausen brauchst du?
+ Was motiviert dich für das Lernen?
+ Welche Bedingungen/günstige Voraussetzungen brauchst du?

Lernen ist ein sehr individueller Vorgang: Was für dich gilt, kann für jemanden anderen ganz anders sein!

[4] Zum Schluss: Fertigt ein Leerraster an, fotokopiert es sechsmal und plant eine Woche lang eure Lernzeiten:

Zeit	Tätigkeiten	Dauer (geschätzt/tatsächlich)

Tipps für die Zeit-/Arbeitsplanung

1. Gewöhne dich an feste Arbeitszeiten. Warte nicht zu lange, bis die Lust zum Arbeiten kommt. Es soll Leute geben, die immer noch warten!

2. Stelle einen Zeitplan auf und versuche, dich daran zu halten:

   Heute hatte ich vor: ...
   Heute habe ich eingehalten/nicht eingehalten ...

   Wenn du dich an deine Vorgaben gehalten hast, so belohne dich. Wenn du den Plan nicht eingehalten hast, so notiere dir die Gründe!

3. Mute dir nicht zu viel zu. Stelle deinen Zeit-/Arbeitsplan so auf, dass du ihn auch einhalten kannst. Sonst frustrierst du dich selbst unnötig.

4. Finde für dich heraus, wie und wie lange du am besten lernen kannst – und welche Bedingungen für dich günstig sind, z. B.:

alleine	↔	mit anderen
mit Musik	↔	ohne Musik
am Schreibtisch	↔	auf dem Fußboden
mit Essen/Trinken	↔	ohne Essen/Trinken
____________	↔	____________
____________	↔	____________

6 Finde heraus, was dich beim Lernen stört und was du dagegen tun kannst.

5 Lass genügend Platz für Unvorhergesehenes (Telefonate, Besuche, Fernsehsendungen ...).

7 Plane sinnvoll: Arbeit → Pause/Erholung → Arbeit → Freizeit → Essen/Trinken → Sport → Arbeit ...

8 Überprüfe von Zeit zu Zeit dein Lernverhalten und deinen Plan:

Was ich so belassen kann:

Was ich verändern will:

[29] Selbsteinschätzung des Lernens

Ziel	Herausfinden, was beim Lernen hilft
Klasse	ab 5
Zeit	45 min
Material	leere Poster/größere Bogen Papier

Hinweise für die Lehrer/innen

Die Schüler/innen bringen vielfältige Lernerfahrungen mit. In dieser Stunde geht es darum, dass sie herausfinden, was für ihr Lernverhalten günstig ist, was ihnen Freude macht, was für ihr Lernen förderlich ist, was schwierig ist und was sie eventuell selbst ändern können.

Anleitungen für die Schüler/innen

[1] Heute könnt ihr herausfinden, was für euer Lernen günstig ist, was ihr toll findet, welche Wünsche ihr noch habt und was ihr verändern wollt.

[2] Schließt bitte die Augen – Musik im Hintergrund – und überlegt, was für euch beim Lernen/im Unterricht hilfreich, angenehm ... ist. (1–2 Minuten)

[3] Notiert, was euch eingefallen ist, z. B.:
+ Ich lerne am liebsten, wenn ...
+ Ich lerne am besten, wenn ...
+ Toll finde ich, dass ...

[4] Notiert auch, was ihr euch noch wünscht oder was ihr noch verbessern könnt:

+ Ich wünsche mir noch ...
+ Ich kann verbessern ...

[5] Sprecht in Kleingruppen über eure Notizen.

[6] Fertigt ein Poster (Querformat) an mit folgenden Überschriften – und füllt das Poster aus:

Am besten kann ich lernen, wenn ...
Am liebsten habe ich ...
Ich wünsche mir noch ...
Ich kann selbst verändern ...

[7] Informiert euch über die verschiedenen Aussagen, indem ihr die Poster lest und darüber in kleinen Gruppen diskutiert (Stehkreis/Gesprächsinseln).

[8] Zum Schluss im Gesprächskreis: »Was ich noch sagen möchte ...«

[30] Unsere Schule als Lernort

Ziel	Die Schule lernfreundlich gestalten
Klasse	ab 5
Zeit	45–90 min

Hinweise für die Lehrer/innen

Gutes Lernen braucht auch eine entsprechende Atmosphäre und Umgebung. In dieser Stunde können Sie mit Ihren Schüler/innen überlegen, wie die Schule als »Haus des Lernens« lernfreundlich gestaltet werden kann.

Anleitungen für die Schüler/innen

[1] Heute habt ihr Gelegenheit, euch in Klassenzimmer und Schulhaus umzusehen und euch Gedanken zu machen, ob und wie ihr sie lernfreundlich(er) gestalten könnt. Dazu habe ich folgende Vorschläge:
Bildet kleine Gruppen und seht euch im Klassenzimmer/im Schulhaus um. Notiert:

+ Was euch nicht gefällt (z. B. kahle oder verschmutzte Wände, keine Blumen, keine Gesprächsnischen, keine Tische/Bänke im Flur)
+ Was euch gefällt
+ Was ihr euch wünscht/was ihr ändern wollt

Bringt dann eure Notizen mit.
Ihr habt x Minuten Zeit dafür.

[2] Übertragt eure Notizen auf ein Poster oder auf eine Folie für den Tageslichtprojektor und präsentiert eure Ergebnisse der ganzen Klasse.

[3] Geht nun in Gruppen und findet Vorschläge, wie ihr die gewünschten Änderungen verwirklichen könnt: Änderungen/Wünsche – Vorschläge zur Verwirklichung.

[4] Schlussrunde: Was wir als Erstes verändern wollen:
+ Wer macht mit wem was?
+ Welche Hilfen braucht ihr?
+ Wie viel Geld, welche Materialien sind nötig?
+ Welche Schritte plant ihr?

[5] Wie wär's mit einem Projekt: »Unser Schulhaus wird lernfreundlich(er)!«

[31] Lernblockaden

Ziel	Lernblockaden feststellen und abbauen
Klasse	ab 5
Zeit	45 min

Hinweise für die Lehrer/innen

Lernblockaden der Schüler/innen gibt es auf drei Ebenen:

+ personenbezogen: Angst vor bestimmten Menschen
+ sachbezogen: Angst vor oder Schwierigkeiten mit bestimmten Fächern, Themen
+ umfeldbezogen: Belastungen durch den Arbeitsplatz, Raum, Lärm

In dieser Stunde geht es darum, die Blockaden herauszufinden und sie zu minimieren bzw. abzubauen.

Anleitungen für die Schüler/innen

[1] Heute könnt ihr herausfinden, was euch beim Lernen in der Klasse/zu Hause stört, blockiert, Angst macht – und was ihr ändern wollt.

[2] Notiert, was euch blockiert:

+ personenbezogen

  Ich habe Angst vor ____________, weil:

  Ich habe Schwierigkeiten mit ____________, weil:

+ sach-/fachbezogen

  Ich habe Schwierigkeiten mit Fach ________, weil:

  Ich habe Probleme mit dem Thema ________, weil:

+ umfeldbezogen

  Ich habe Probleme mit ____________, weil:

  Mich stört ____________, weil:

[3] Besprecht mit dem Nachbarn – oder zusammen in der Gruppe – die Eintragungen und überlegt, was ihr ändern könnt.

[4] Klassengespräch: Was sind eure Hauptblockaden, und welche Änderungen schlagt ihr vor?

[5] Schreibt einen Brief an die Person, die euch am meisten beim Lernen blockiert, und welche Wünsche ihr an sie habt:

+ Lehrer X/Lehrerin Y
+ jemand aus der Klasse
+ Schwester, Bruder, Freund/in, Vater, Mutter ...

[32] Vokabeltraining

Ziel	Über eigenes Vokabellernen Bescheid wissen
Klasse	ab 5
Zeit	45 min

Hinweise für die Lehrer/innen

[1] Spielen Sie das Spiel »Kofferpacken« oder »Rucksackpacken«. Spielregel: Schüler sitzen im Kreis. Einer beginnt mit dem Satz: »Ich packe meinen Koffer (oder Rucksack) und packe ... ein.« An der Leerstelle wird irgendein Gegenstand genannt. Der Zweite wiederholt das Satzmuster und zählt an der Leerstelle den Gegenstand seines Vorgängers und einen eigenen auf. Es wird immer das Satzmuster gesprochen und an der Leerstelle zuerst alle vorhergehenden Begriffe in der richtigen Reihenfolge wiederholt, bevor ein eigener Gegenstand angehängt wird.

[2] Klären Sie im Gespräch mit den Schülern:

+ Was hilft euch, die Begriffe den richtigen Personen zuzuordnen?
+ Welche Rolle spielen Reihenfolge, Name der Person, Gesicht, Körpermerkmale, Kleidung?
+ Wann ist es euch schwergefallen, einen Begriff zu merken?

[3] Visualisieren Sie die wichtigsten Erkenntnisse (z. B. Zeichnung oder Symbol und Begriff).

Anleitungen für die Schüler/innen

[1] Im Spiel habt ihr erfahren, wodurch sich Begriffe besser im Gedächtnis einprägen lassen oder das Einprägen verhindert wird.

[2] Sprecht in einer kleinen Gruppe (4 bis 5 Schüler/innen) darüber, wie sich diese Erkenntnisse auf das Üben von Vokabeln anwenden lassen.

[3] Nehmt einige Vokabeln der neuesten Lektion und probiert es mit ihnen aus.

[4] Formuliert ein paar Merksätze, wie sich Vokabeln besser lernen lassen und gestaltet damit ein Lernposter.

[33] Konzentration

Ziel	Die Konzentrationsfähigkeit überprüfen
Klasse	ab 5
Zeit	45 min

Hinweise für die Lehrer/innen

Kinder/Jugendliche können sich »stundenlang« voll konzentriert mit einer Sache beschäftigen; nur in der Schule scheint häufig die Konzentrationsfähigkeit abhandenzukommen. Liegt es am Stoff, an Unter- oder Überforderung, am äußeren Rahmen?
In dieser Stunde können die Schüler/innen ihre eigene Konzentrationsfähigkeit testen und gegebenenfalls Schlussfolgerungen daraus ziehen: Was kann bleiben wie bisher, was kann ich ändern, was muss ich aushalten? Welcher »Konzentrationstyp« bin ich?
Sie bieten ihnen Übungen an und reflektieren mit den Schüler/innen deren Erfahrungen und Erkenntnisse.

Anleitungen für die Schüler/innen

So könnt ihr eure Konzentrationsfähigkeit überprüfen:

[1] Bildet Vierergruppen und setzt euch »zwei zu zwei« gegenüber. A und B beobachten eine Minute lang sehr konzentriert C und D: Körperhaltung, Arm-/Beinstellung, Kleidung, Schmuck usw.; anschließend verlassen A und B den Raum, während C und D Veränderungen an sich vornehmen: Wechsel

der Haltung, Veränderung der Kleidung usw., insgesamt pro Person etwa fünf. Nun kommen A und B wieder in den Raum und stellen die Veränderungen fest. Dann Wechsel: Jetzt beobachten C und D.

[2] Bildet einen Sitzkreis und nehmt bitte wahr:
+ Mein Pulsschlag beträgt pro Minute x (Finger an die Halsschlagader).
+ Ich atme pro Minute x-mal ein (normale, ruhige Atmung).
+ Schließt die Augen für eine Minute; wenn sie zu Ende ist, gebe ich euch ein akustisches Zeichen. Notiert nun, was euch in dieser Minute alles eingefallen ist.
+ Schließt bitte auf mein Startzeichen nachher die Augen und hebt die Hand, wenn ihr meint, dass eine Minute vergangen ist. Wenn alle die Hand oben haben, gebe ich ein Signal zum Öffnen der Augen: Jetzt bitte schließen ... bitte wieder öffnen.
+ Die Streuung der »Eine-Minute-Wahrnehmung« ging von x Sekunden bis y Sekunden.

[3] Einzelarbeit; bitte aufschreiben:
+ Ich kann mich sehr konzentrieren, wenn ...
+ Ich kann mich nur schwer konzentrieren, wenn ...

[4] Auf einem Extrablatt habe ich noch einige Konzentrationsübungen für euch (siehe nächste Seite).

[5] Kreisgespräch: Welche Erfahrungen habt ihr gemacht? Welche Konsequenzen ergeben sich für euch und für mich als Lehrer/in?

Arbeitsblatt Konzentration

1 Wie viele Wörter haben jeweils die gleiche Anzahl Vokale?

Tor Hose Lippenstift Nebel Taschenlampe Handball Fischernetz Kaufhaus Tag Turnhalle Sommeranfang Tennisclub Besen Apfelkiste Campingplatz Stadion Badewanne Mittagessen Klosterruine Heftpflaster Rennboot Blumenbeet Kaminkehrer Flohzirkus Kartoffelsalat Motorrad Sonnenfinsternis Regenbogen Violine

Vokale: 1 ____ 2 ____ 3 ____ 4 ____ 5 ____

2 Wie viele Wörter enthalten nur drei gleiche Buchstaben?

SEELE STELLE SEGEN STALL LACHEN AAL STARREN BIENENWABE REEDEREI BANKKONTO ZAHNPASTA KNOLLENBLÄTTER TEESTUBE ORCHESTER SPEISEEIS HÜHNERFARM AUTOMOBILRENNEN BOCKSBEUTEL TONNE EINKAUFSZENTRUM BAHNHOFSGASTSTÄTTE BIERBRUNNEN METZGERMEISTER HEIDELBEEREN IMMERGRÜN ZAHLENLOTTO SECHSTAGERENNEN MALEREIBETRIEB WÖRTERBUCH ZOOLOGIE DRUCKFEHLERTEUFEL OCHSENSCHWANZSUPPE VIOLONCELLO WEINBERGSCHNECKE OBERAMMERGAU EISENBAHNTUNNEL

③ **Wie viele Wörter enthält der folgende Text?**

Underginghinundzähltediestufenderbahnhofs
treppeundprägtesichdiezahlinsgedächtniseinindem
jetztkeineabfahrtszeitenmehrwarendannsahmanihn
niemehrimbahnhofergingjetztinderstadtvonhauszu
hausundzähltedietreppenstufenundmerktesiesichund
erwusstejetztzahlendieinkeinembuchderweltstehenals
eraberdiezahldertreppenstufeninderganzenstadt
kanntekameraufdenbahnhofgingandenbahnschalter
kauftesicheinefahrkarteundstiegzumerstenmalin
seinemlebenineinenzugumineineanderestadtzufahren
umdietreppenstufenderganzenweltzuzählenum
etwaszuwissenwasniemandweiß.

(Text von Peter Bichsel)

④ **Wie viele Zahlen enthalten nur drei gleiche Ziffern?**

14034874 30003033 12345545 280056232 776100126
7012210 1811432241 8412 23023123 800080 327668
521521 8823978 753113573 17817877 2974634
199944494 3700620 83348 123456696 98747482
33344003 331 49310001 20202020 737211237
018245521 24042033303 16087168722

[34] Zugang zu Lerngegenständen

Ziel	Sich mit einem Lerngegenstand befassen
Klasse	ab 6
Zeit	45 min
Material	faustgroße Kieselsteine (unterschiedl. Form)

Hinweise für die Lehrer/innen

Im ersten Teil dieser Stunde befassen sich die Schüler/innen mit einem außerschulischen Lerngegenstand, im zweiten Teil übertragen sie ihre Erfahrungen auf einen schulischen Gegenstand bzw. auf ein bestimmtes Fach.

Anleitungen für die Schüler/innen

[1] Heute könnt ihr intensiver als sonst erfahren, wie ihr euch mit einem bestimmten Gegenstand auseinandersetzt. Ich habe für jede/n von euch einen Kieselstein mitgebracht: Sucht euch einen aus.

[2] Betrachtet und befühlt ihn so genau wie möglich und beschreibt ihn wechselseitig eurem Nachbarn.

[3] Gebt mir die Steine; ich lege sie in einen Korb. Beschäftigt euch nun mit etwas anderem: Lesen, Musikhören, Miteinanderreden, Hausaufgabenmachen. Ihr habt dazu x Minuten Zeit.

[4] Sucht euch nun euren Stein heraus – bei Meinungsverschiedenheit gelten nur Argumente! – und begründet dann, warum ihr euren Stein wiedergefunden habt.

[5] Setzt euch nun in kleinen Gruppen zusammen und sprecht darüber, wie ihr eure soeben gemachten Erfahrungen auf das schulische Lernen übertragen könnt:
+ Für Englischvokabellernen heißt das ...
+ In Biologie könnte ich ...
+ Mit Grammatik tue ich mich schwer, weil ...
+ Bei Mathematikformeln müssten wir ...
+ Im Klassengespräch: Was heißt das, wenn wir einen Gegenstand *an*fassen, uns mit einem Gegenstand *be*fassen?

[6] Notiert zum Schluss:
Ich kann mir etwas besonders merken, wenn ich ... (sehen, lesen, hören, anfassen, reden, spielen usw.):

[35] Informationsauswahl

	Ziel	Zu Gehörtem Notizen machen
	Klasse	ab 6
	Zeit	45 min

Hinweise für die Lehrer/innen

Im Alltag der Schüler/innen kommt es hin und wieder vor – und im späteren Studium besonders –, dass Informationen mündlich dargeboten werden (Rede, Vortrag, Präsentation). Die »Lernfrage« lautet: Wie macht man sich Notizen?
Bitte wählen Sie einen Text aus, der die Schüler/innen interessiert – oder lassen Sie einen Schüler in freier Rede etwas vortragen, erzählen, berichten.
Äußerst wichtig ist dabei die Tatsache, dass in erster Linie nicht das notiert wird, was der Sender aussendet, sondern das, was der Empfänger hört, gewohnt ist zu hören oder hören will!

Anleitungen für die Schüler/innen

[1] Heute könnt ihr ausprobieren,
- + was ihr alles »heraushört«, wenn jemand etwas vorträgt und
- + wie man sich Notizen über das Gehörte macht.

[2] Ich lese euch einen Text vor. Notiert bitte das, was für euch am wichtigsten ist.

[3] Bildet nun Gruppen und vergleicht eure Notizen nach Übereinstimmung und »Auseinanderdriften« – und teilt dann eure Ergebnisse in der Großgruppe mit. (Erkenntnis: Das Vorgetragene ist nicht immer das Gehörte!)

[4] Nun tragen wir zusammen, was man hören und notieren muss, um eine Information möglichst »annähernd« aufzunehmen:

+ Achtet auf Signal-/Schlag-/Reizwörter. (Woran erkennt man sie?)
+ Verben drücken aus, was Menschen tun.
+ Substantive sagen uns, um was es geht.
+ Eigennamen spezifizieren etwas.
+ Adjektive geben Eigenschaften wieder.

[5] Bildet nun fünf Gruppen, wobei sich jede nur auf eine Informationseinheit konzentriert: Schlagwortgruppe – Substantivgruppe – Verbgruppe – Eigennamengruppe – Adjektivgruppe. Ich lese euch nun wieder einen Text vor – und jede/r von euch notiert die spezifischen Wörter der Gruppe, der er/sie angehört.

[6] Vergleicht nun innerhalb der Gruppe eure Notizen. Die Übereinstimmung dürfte jetzt höher sein als beim ersten Text.

[36] Gestaltung einer Merkstraße

Ziel	Informationen speichern und abrufen
Klasse	ab 7
Zeit	45 min

Hinweise für die Lehrer/innen

Wissensdaten werden besser behalten, wenn sie mit Bildern, Geräuschen, Gerüchen und Gefühlen verknüpft werden. In dieser Stunde geht es darum, Daten mit Wegstationen zu verbinden.
Die einzelnen Stationen werden von den Schüler/innen selbst gestaltet. Diese Technik ist vor allem dann didaktisch sinnvoll, wenn Daten in einer bestimmten Reihenfolge gespeichert werden sollen, wie Geschichtsdaten, Lebensläufe, Versuchsabläufe, Vorgänge.
Bemerkung: Es ist völlig in Ordnung, wenn manchen Schüler/innen diese Art der Merkhilfe nicht liegt: Sie ist eine von mehreren möglichen!

Anleitungen für die Schüler/innen

[1] Heute geht es darum, dass ihr euch Daten mithilfe einer Merkstraße einprägt, wobei ihr zuerst allein arbeitet und dann mit anderen zusammen.

[2] Nehmt den Lerntext und unterstreicht jede Information, die ihr euch merken möchtet (z. B. Namen, Lebensdaten, Orte).

[3] Gestaltet jetzt eure Lernstraße: Für jede Information, die ihr behalten möchtet, malt ihr links oder rechts des Weges eine Station, wobei die Bilder für euch eine positive Bedeutung haben sollen: ein Garten, ein Baum, ein Gasthaus, eine Blume. Ihr könnt euch den Weg auch mit Geräuschen und Gerüchen vorstellen oder Sprechblasen machen.

[4] Schreibt zu jeder Station eine Information (z. B. ein Datum, ein Stichwort oder einen Halbsatz).

[5] Ihr prägt euch jetzt den Lernstoff ein, indem ihr euch den Weg mit den gemalten Bildern und Informationen vorstellt und innerlich sprecht.

[6] Gebt eurer Lernstraße einen Namen.

[7] Zuletzt überprüft euer Wissen mit euren Nachbarn: Stellt euch gegenseitig Fragen und gebt Antworten.

[37] Präsentation von Informationen

Ziel	Lernergebnisse präsentieren
Klasse	ab 5
Zeit	45 min

Hinweise für die Lehrer/innen

Lernen besteht nicht nur aus Aufnehmen, Bearbeiten und Behalten von Wahrnehmungen und Wissensbeständen, sondern auch aus Abrufen, Anwenden und Präsentieren. Letzteres soll Thema in der folgenden Stunde sein.
Sie können auf bereits Gelerntes bei den Schüler/innen zurückgreifen oder ihnen noch Zeit geben, sich Wissen anzueignen (je nach Zeit und Schwerpunkt).

Präsentationsmöglichkeiten:

+ Rede, Vortrag, Referat ohne Hilfsmittel
+ Rede, Vortrag, Referat mit Unterstützung von Folien
+ Kommentare zu Plakaten/Postern
+ spielerische Darstellungen: Pantomime, Sketche, Lieder, Gedichte
+ Karten auf Pinnwänden (oder Wand)
+ grafische Darstellung (Folie/Tafel) mit Kommentar
+ Interaktion: Darstellung mithilfe des Publikums
+ ...

Reihenfolge:

- Im Plenum werden Vorschläge gesammelt und von Ihnen gegebenenfalls ergänzt.
- Jede Gruppe wählt aus; es darf jede Präsentationsform nur einmal genommen werden!
- Jede Gruppe bereitet vor; jede trägt vor; Achtung: Zeitplanung!

Anleitungen für die Schüler/innen

[1] Heute geht es darum, dass ihr das, was ihr gelernt habt, vor der ganzen Klasse präsentiert. Es gibt verschiedene Möglichkeiten; welche kennt ihr?

[2] Bildet nun Gruppen, einigt euch auf ein Thema/einen Inhalt, den ihr präsentieren wollt, und sucht euch eine Form aus.

[3] Ihr habt nun x Minuten Zeit für die *Planung* eurer Präsentation und etwa y Minuten für die *Präsentation* selbst. Es sollten möglichst alle in eurer Gruppe an der Präsentation beteiligt sein.

[38] Aufbau einer Mind Map

Ziel	Mind Map als Lernhilfe kennenlernen
Klasse	ab 7
Zeit	45 min

Hinweise für die Lehrer/innen

Mind Map ist eine Methode, die in einfacher Weise das sprachliche und bildhafte Denken verknüpft, also eine Kombination von logischen Überlegungen und kreativen Gestaltungsmöglichkeiten.
Am Beispiel eines Textes soll dies veranschaulicht werden. (Bitte einen geeigneten Fachtext, nicht zu lang, bereitstellen.)

Anleitungen für die Schüler/innen

[1] Ich zeige euch heute, wie man einen Text besser behalten kann, und zwar durch die Mind-Map-Methode. Der Aufbau ist folgendermaßen:

+ Im Mittelpunkt steht immer das Thema, das mit einem Kreis/einer Wolke umschlossen wird.
+ Von diesem Kreis gehen Verzweigungen ab, die das Thema in seine einzelnen Bereiche gliedern und auffächern. Hierbei sind keine ausformulierten Gedanken gefragt, Stichworte genügen.

+ Von den Verzweigungen (Hauptästen) gehen weitere Zweige und Nebenzweige ab.
+ Zur optischen Verdeutlichung lassen sich Thema, Hauptsätze, Zweige und Nebenzweige auch farblich unterscheiden. Hierbei ist es sinnvoll, die gleiche Farbe für die gleiche Art der Zweige zu verwenden.

[2] Nun habt ihr einen »Lerntext« (Fach X). Setzt ihn bitte in eine Mind Map um.
Anschließend vergleichen wir die verschiedenen Mind Maps, die ihr gemacht habt. Nehmt bitte ein DIN-A4-Blatt.

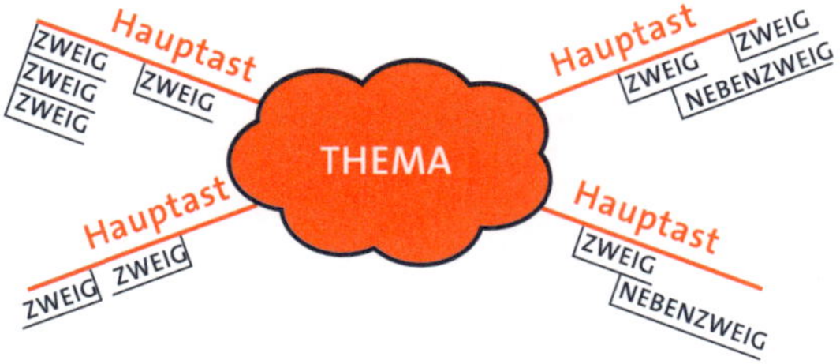

[39] Lerntipp-Markt

Ziel	Sich gegenseitig Lerntipps geben
Klasse	ab 8
Zeit	45 min

Hinweise für die Lehrer/innen

Beginnen Sie mit einem Klassengespräch, das das Lernen der Schüler/innen und verschiedene Lernmethoden zum Inhalt hat, und zwar mit dem Ziel der Erkenntnis, dass »viele Wege nach Rom« führen.

Anleitungen für die Schüler/innen

[1] Wir haben soeben über verschiedene Möglichkeiten des Lernens geredet. Nun könnt ihr euch überlegen, wie ihr lernt und wie euer erfolgreiches Lernen aussehen könnte:
Nehmt euch einige Minuten Zeit zum Nachdenken:
+ Wie lernst du normalerweise Vokabeln, Gedichte, Texte, Matheaufgaben?
+ Welche Lernorte bevorzugst du? (Schreibtisch, Fußboden, Sofa ...)
+ Wie sieht deine Lernumgebung aus? (Ordnung vs. Chaos, Begleitmusik vs. Stille usw.)

[2] Stellt euch nun vor, dass jemand, der keine Ahnung vom Lernen hat, euch fragt, wie man denn am besten lernt. Schreibt ihm auf Karteikarten (DIN A5) eure Tipps auf (alleine, zu zweit oder in Gruppen):

+ Vokabeln lernen: ...
+ Gedichte auswendig lernen: ...
+ Geschichtszahlen merken: ...
+ Texte bearbeiten: ...
+ Hefte gestalten: ...
+ Lernbereich x:
+ Lernbereich y: ...
+ Lernbereich z: ...

[3] Schreibt die einzelnen Lernbereiche als Überschriften auf ein Poster, klebt die entsprechenden Karteikarten darauf, lest sie und unterhaltet euch darüber:

+ Was kannst du übernehmen?
+ Worüber brauchst du noch mehr Informationen?
+ Was möchtest du ausprobieren?
+ Was kommt für dich nicht infrage, weil ...

[4] Wenn noch Zeit bleibt: Wir machen eine »Lerntipp-Ausstellung« auf dem Gang: Jede/r in unserer Schule kann sich bedienen!